DES
BIENS NATIONAUX.
ADRESSE
PRÉSENTÉE A LA CHAMBRE DES DÉPUTÉS
DE 1816.

PAR M. GUÉAU DE REVERSEAUX DE ROUVRAY,

CHEVALIER DE L'ORDRE ROYAL ET MILITAIRE DE S. LOUIS.

Si quid novisti rectiùs istis,
Candidus imperti : si non, his utere mecum ?
Hor. lib. I, epist. VI.

PARIS,

LE NORMANT, IMPRIMEUR-LIBRAIRE;

ET CHEZ TOUS LES MARCHANDS DE NOUVEAUTÉS.

1816.

IMPRIMERIE DE LE NORMANT, RUE DE SEINE, N°. 8.

ADRESSE

PRÉSENTÉE A LA CHAMBRE DES DÉPUTÉS

DE 1816.

M̲ESSIEURS,

L'un des capitaines qui ont le plus honoré l'armée française, l'un de ceux qui se sont acquis une part à la fois immortelle et pure dans le partage de la gloire nationale, déclara, en 1814, à la Chambre des Pairs, qu'il étoit indispensable *pour le salut de la France*, de fermer des plaies que le rétablissement de la monarchie rendoit désormais into-lérablés.

Une funeste expérience n'a que trop justifié l'opinion de ce noble et généreux émule de nos Bayard et de nos Duguesclin. Soit qu'à cette époque mémorable de notre res-tauration le génie du mal ait con-tinué à présider aux destinées de notre patrie ; soit qu'un ministère foible et peu clairvoyant, mécon-noissant les hommes autant que les sentimens qui les font mouvoir, ait négligé d'accorder un gage né-cessaire aux intérêts particuliers ; soit que, se renfermant dans des vues fiscales et étroites, il ait omis de donner un juste et salutaire em-ploi au pléthore de richesses que la France renfermoit alors dans son sein : de sombres nuages ont bien-tôt remplacé l'horizon prospère qui avoit apparu au retour des Fils de saint Louis. La confiance des peu-ples a été ébranlée. La catastrophe de 1815 est apparue : ses consé-quences fatales ont de beaucoup surpassé toutes les conséquences réunies des calamités auxquelles nous étions en proie depuis plus d'un quart de siècle.

Ce qui distingue le plus éminemment la révolution française de toutes celles qui ont affligé le globe depuis que les hommes sont réunis en société, ce qui établit au milieu de nous d'ardentes inimitiés, ce qui perpétue nos dissidences politiques; ce qui rend la position du gouvernement royal et plus délicate et plus difficile, ce qui, en un mot, est encore aujourd'hui un insurmontable obstacle au rétablissement du principe de la légitimité : ne sont-ce pas, Messieurs, les nombreux intérêts que nos discordes civiles ont enfantés, puisque ces intérêts ont tous pris naissance dans un tourbillon de choses produit par le renversement de la légitimité ?

Choisis par la nation pour être ses interprètes auprès du trône; appelés spécialement à faire connoître au Roi les sentimens, les vœux et les besoins de ses sujets, il n'en est aucun de vous, Messieurs, qui pourroit être resté étranger aux bruits sinistres, aux inquiétudes absurdes, aux craintes chimériques, aux coupables espérances qui circulent plus que jamais dans vos villes et dans vos campagnes. Les esprits sont plus agités et les passions sont plus en action en ce moment qu'en 1789. Le sentier est tracé : on connoît maintenant le but vers lequel on peut tendre ; la révolution et la monarchie se combattent mutuellement ; il faut que le passé soit irrévocablement cimenté, ou que le présent soit anéanti.

Trois millions d'acquéreurs de biens nationaux sont unis par les liens du sang et par les affections les plus intimes à neuf millions d'individus. Cette masse de douze millions d'hommes forme, sans contredit, la portion la plus active de la population du royaume. Elle y possède le quart de tous les immeubles ; son immense majorité se compose d'êtres ignorans ou séduits par la malveillance, qui croient que l'existence du gouvernement légitime est incompatible avec la conservation des fortunes qui se sont élevées pendant son absence. Cette nature de propriété est, en quelque sorte, plus à charge qu'utile à ceux qui la possèdent ; elle est à peine reçue dans le commerce pour le tiers de sa valeur ; elle ne peut être ni vendue, ni hypothéquée, ni échangée, ni employée à l'acquittement des dettes. Déjà même le propriétaire renonce à y faire des améliorations, et bientôt il cessera de l'entretenir. Le père de famille, dont les valeurs sont dépréciées, est dans l'impuissance de remplir ses engagemens ; il éprouve des obstacles pour l'établissement de ses enfans ; il leur inspire les inquiétudes qu'il ressent sur leur avenir. La fortune publique souffre de cet état pénible où se trouvent tant de fortunes particulières. Le fisc perd annuellement vingt-cinq millions auxquels il auroit droit de prétendre si les ventes avoient lieu, et si elles s'opéroient au taux réel et ordinaire. La nation se compose de deux peuples ennemis et en garde l'un contre l'autre. Cette situation déplorable n'a aucun exemple dans les fastes de la civilisation : elle renferme tous les élémens d'une nouvelle dissolution sociale. Les factieux s'en emparent pour distiller un poison subtil dans tous les cœurs, accroître le nombre de leurs conjurés, méditer d'autres révolutions, et préparer de nouvelles ruines à notre patrie.

En vain l'on se flatteroit de réta-
blir, à cet égard, l'opinion publique;
l'écoulement d'un siècle ne suffiroit
pas pour détruire l'effet qu'ont produit les discours imprudens, les in-
terprétations fausses, et les insinua-
tions perfides qui ont eu lieu dans
la session de 1814. La Charte, le
Roi, les premiers corps de l'État,
ont inutilement parlé tour à tour;
vainement les augustes princes de
la Famille royale n'ont rien négligé
dans leurs missions respectives pour
assurer la confiance des peuples.
Toutes les garanties morales ont été
données, mais elles sont méprisées.
L'intérêt, ce sentiment si exclusif et
si ombrageux dans tous les temps,
devient encore plus dominant à la
suite des crises politiques : il fait
taire jusqu'à la raison. Quand il
craint un système, il ne voit que
l'adoption de ce système, sans cal-
culer si sa mise à exécution sera

même possible. Ici la force des choses l'emporte sur la prescience hu-
maine ; il faut un gage physique et
matériel à un ordre purement matériel ; il seroit absurde de penser
que la légitimité pût se maintenir
en opposition avec la portion de la
nation qui a apporté le plus d'action dans nos affaires publiques,
depuis un si grand nombre d'an-
nées. Les Français ne seront réunis
d'opinions, de vœux et de cœurs,
que lorsque leurs intérêts cesseront
de se froisser mutuellement. L'ère
nouvelle qui consacrera la fin de
nos calamités et le rétablissement
de la monarchie, ne datera que de
l'extinction des haines et des dé-
fiances.

Qu'une loi constitue en faveur
des émigrés un équivalent des biens
qui leur ont été enlevés ; que cette
loi les oblige de confirmer et de ra-
tifier dans les termes, comme dans

les formes les plus explicites, tous les contrats de vente qui ont été passés à chacun de leurs acqué-reurs; que cet équivalent, dont on déduira les créances que l'Etat a remboursées en leurs noms, soit affecté sur une portion quelconque du revenu public, et *ne le soit, dans aucun cas, sur le grand-livre, pour ne pas appauvrir les créanciers de l'État;* que le remboursement en soit ajourné à un temps éloigné et plus prospère : alors, Messieurs, et je le dis avec la ferme conviction d'un homme qui connoît bien la situa-tion des esprits ; alors, mais alors seulement, la révolution sera ter-minée, la légitimité sera consacrée, l'existence politique de la France sera assurée.

Les calculs les plus aproximatifs ont évalué à un capital de trois cent millions la valeur des biens des émi-grés encore entre les mains de leurs

acquéreurs ; déduction faite, toute-
fois, des remboursemens effectués
à leurs créanciers. Quand ce capital s'élèveroit à quatre cent millions,
qui pourroit regretter, malgré notre
appauvrissement et la situation difficile de nos finances, de grever
l'État d'une charge annuelle de
douze ou bien de seize millions,
quand il est démontré que cette
charge nouvelle augmenteroit ses
revenus de vingt-cinq millions ? Les
propriétaires des anciens biens de
main-morte en ressentiroient les
effets aussi bien que les acquéreurs
des biens d'émigrés. Quelque dis-
tincte que soit l'origine de ces di-
verses propriétés, l'uniformité des
circonstances sous lesquelles elles
ont été aliénées, leur donne une si
intime connexité, que l'opinion publique les croit également mena-
cées. En vain établit-elle une diffé-
rence très-marquée entre ces deux

natures de bien, les craintes éprou-
vées sur les uns en on fait naître sur
les autres ; on a redouté le système
des conséquences ; l'intérêt alarmé
a cru voir le replacement successif
des choses dans leur ordre ancien.
La mesure que je vous propose, Messieurs, calmera toutes ces inquiétudes. Au même moment, toutes
les propriétés nationales acquerront
un caractère patrimonial, et les pré-
jugés, qui s'élèvent contre elles,
seront anéantis ; c'est ainsi, qu'en
matière de gouvernement, la crainte
comme la confiance s'étendent et
produisent les mêmes résultats sur
des objets qui diffèrent néanmoins
entre eux.

Et ne croyez pas, Messieurs, que
je cherche ici à exciter votre pitié,
à la face de la nation, envers une
classe d'hommes dépouillés par les
circonstances. Quand la faux du
temps aura passé sur leurs malheurs,

il n'appartiendra plus qu'à l'histoire d'en justifier ou d'en blâmer la source ; et sans doute son jugement sera impartial. J'invoque cette mesure, bien moins dans les intérêts de vingt mille familles, fières des malheurs qu'elles ont éprouvés depuis vingt-cinq ans, que dans les intérêts de trois millions de familles habituées à la prospérité pendant le cours de cette longue prescription. Interrogez, parmi ces derniers, une foule de citoyens utiles et laborieux qui se rallieront au gouvernement royal, aussitôt qu'il aura tari la source de leurs alarmes. Ils vous diront qu'ils n'attendent que ce moment pour offrir à la monarchie leur confiance et leur amour.

J'ai présenté dans cet aperçu quelques-uns des moyens qui dérivent de l'impérieux motif connu sous le nom de *raison d'Etat* ; j'ai prouvé qu'en accroissant beaucoup de for-

tunes particulières, on augmenteroit cependant encore celle du
trésor.

Je n'ajouterai qu'un mot, Messieurs, auparavant d'abandonner à
votre patriotisme et à vos talens, une
question que je crois intimement
liée avec le repos et avec la prospérité de notre commune patrie.

L'adoption de la proposition que
je fais d'accorder aux émigrés un
équivalent à la vente de leurs biens,
donneroit une force invincible à la
Charte ; elle détruiroit le principe
des résistances que nous voyons
s'élever de toutes parts ; elle anéan-
tiroit les germes révolutionnaires ;
elle sépareroit la cause des factieux
de celle du peuple ; elle accroîtroit
l'action du gouvernement de la
communauté de vœux, et de la confiance qui s'établiroit entre la partie qui obéit et la partie qui or-
donne.

La loi civile, qui n'a été établie que pour l'invariable conservation des propriétés de chacun, seroit entièrement consacrée.

Elle le seroit, à l'égard des acqué-reurs de biens nationaux de toute nature, parce qu'ils deviendroient incommutables propriétaires dans l'opinion, comme ils le sont par le fait depuis une génération.

Elle le seroit également, à l'égard du clergé et des émigrés, parce que le clergé doté suffisamment, et les émigrés dédommagés, rentreroient dans la classe d'un particulier que l'Etat auroit indemnisé d'une por-tion d'héritage qui lui auroit été enlevée pour l'établissement d'un monument consacré à l'utilité gé-nérale.